Andre Budke

Kooperation und Konflikt in Organisationen

GRIN Verlag

Bibliografische Information der Deutschen Nationalbibliothek:

Die Deutsche Bibliothek verzeichnet diese Publikation in der Deutschen National-
bibliografie; detaillierte bibliografische Daten sind im Internet über http://dnb.d-
nb.de/ abrufbar.

Impressum:

Copyright © 2008 GRIN Verlag GmbH
Druck und Bindung: Books on Demand GmbH, Norderstedt Germany
ISBN: 978-3-640-25197-1

Dieses Buch bei GRIN:

http://www.grin.com/de/e-book/120428/kooperation-und-konflikt-in-organisationen

Kommunale Fachhochschule für Verwaltung in Niedersachsen

Referatsausarbeitung

im Fach Psychologische Grundlagen

Thema

Kooperation und Konflikt in Organisationen

Verfasser:	Andre Budke
	1. Semester
Studiengang:	Verwaltungsbetriebswirtschaft
Tag des Referats:	25.11.2008

Inhaltsverzeichnis

Abbildungsverzeichnis

1 Einleitung   1

In der heutigen Unternehmensführung gilt Kooperation als zentrales Erfordernis. Im Gegensatz zur patriarchalischen Führung im 19. Jahrhundert zeichnen sich Betriebe und Organisationen durch flache Hierarchien und ein zunehmendes Arbeiten in kleinen, selbst organisierten Teams aus. Diese Kooperationen stellen vielfältige Anforderungen an die Beteiligten. Im Zuge der wirtschaftlichen Globalisierung wurde zudem die internationale Zusammenarbeit verstärkt, so dass es heute auch vermehrt Kooperationen über kulturelle Grenzen hinweg gibt.

Auf der anderen Seite gibt es in der Arbeitswelt unzählige Möglichkeiten, Konflikte entstehen zu lassen. Diese Konflikte konstruktiv zu lösen, stellt eine große Herausforderung an Organisationen dar.

2 Kooperation: Begriff und Dimensionen

Definiert man Kooperation weit, so bezeichnet sie eine Form sozialer Zusammenarbeit, sei es zwischen Individuen, Gruppen oder Organisationen, also in erster Linie auf einer sozialen Interaktion beruhend[1].

Zentrales Merkmal von Kooperation ist Reziprozität[2]. Neben der grundsätzlichen Akzeptanz der Regeln durch die Akteure sind der Zeithorizont, der einer Kooperation eingeräumt wird und die Anzahl der Beteiligten von Bedeutung. Ebenso müssen vor Beginn der Kooperation die Intentionen, also die Zielvorstellungen, möglichst klar beschrieben werden.

In jeder Person gibt es psychologische Determinanten, nach denen sich die persönliche Neigung zu Kooperation bemisst. Es werden hierbei fünf Einstellungen unterschieden[3].

Personen mit individualistischer Einstellung betonen vor allem den eigenen Vorteil. Sie möchten einen möglichst hohen Gewinn aus der Kooperation schlagen.

Menschen mit starker Wettbewerbsorientierung hingegen geht es vor allem darum, andere zu übertreffen und ihre Überlegenheit zu zeigen, was dem Grundsatz der Reziprozität von Kooperation widersprechen kann.

Die kooperative Einstellung ist hier der „Idealfall". Eine derartige Person ist sowohl an den eigenen Gewinnen als auch an denen des Partners interessiert.

Personen mit altruistischer Einstellung wiederum betonen vor allem das Wohlergehen des Partners.

Andere Menschen haben ein starkes Gleichheitsbedürfnis. Dies zeigt sich in Ko-

---

1   Spieß 2004, S.194.
2   Spieß 2007, S.339.
3   Spieß 2004, S.195.

operationen daran, dass sie für sich und ihre Partner die gleichen Beloh-   2
nungen erwarten. Es gibt natürlich Mischtypen, etwa häufig eine Mischung aus individualistischer und wettbewerbsorientierter Einstellung.

Die Bereitschaft zur Kooperation hängt dabei zentral von den Erwartungen hin-
sichtlich des Verhaltens des Partners ab.

Ein Beispiel zur Erläuterung[4]: Person A und B sollen kooperieren. Person A ist
wettbewerbsorientiert, Person B kooperativ eingestellt.

A zeigt anfänglich wettbewerbsorientiertes Verhalten. B schwenkt daraufhin von
seinem eigentlich bevorzugten kooperativen Verhalten auf Wettbewerb um, um
seine eigenen Interessen zu schützen (um sich nicht von A übervorteilen zu lassen). Es zeigt sich: Kooperative Person B ist in ihrem Verhalten flexibel, wenn sie
Personen begegnet, die anderes Verhalten zeigen. Dagegen geht A davon aus,
dass B auch wettbewerbsorientiert ist, da A bei B nur dieses Verhalten beobachtet
hat. Also wird A sein Verhalten nicht ändern.

Es gibt noch einige weitere zentrale Bedingungen für erfolgreiche Kooperation.
Wichtig sind etwa die sozialen Werte der Akteure. Betonen sie Verantwortung, pro-
soziales Verhalten und Kollegialität, ist dies förderlich.

Außerdem ist die Frage von Vertrauen und Misstrauen zentral für die Bereitschaft,
zu kooperieren. Bei hohem Vertrauen überwiegen Zuversicht und Glaube an die
Partnerschaft, während diese bei niedrigem Vertrauen fehlen. Kommt nun noch
hohes Misstrauen hinzu, überwiegen Angst und Vorsicht in der Beziehung[5].

3 Konflikt: Ursachen, Verlauf, Lösungsstrategien

Konflikt lässt sich definieren als wahrgenommene Spannungssituation, in der zwei
Parteien versuchen, (scheinbar) unvereinbare Absichten zu verwirklichen[6].
Bedingung für Konflikte sind hier eine Form der Interaktion mit Interdependenz
und die Wahrnehmung mindestens einer Partei, dass die Ziele ungleich sind.
In Organisationen gibt es viele verschiedene Möglichkeiten, Konflikte entstehen zu
lassen, so etwa unter Kollegen, bei Umstrukturierungen, bei Austritt (v.a. im Fall
der Entlassung)[7].
Der Ablauf eines Konflikts lässt sich in vier Phasen einteilen, Konfliktbeginn, -ma-
nifestation, -verlauf und -lösung.
Zu Beginn des Konflikts nimmt eine Partei wahr, dass die eigenen Ziele durch die
andere Partei gefährdet werden. Die Ursachen können vielfältig sein und auch in

---

4   Spieß 2004, S.195f.
5   Spieß 2004, S.215ff.
6   Spieß 2004, S.200.
7   Spieß 2007, S.344.

der Person des Partners liegen, etwa durch ein ausgeprägtes Machtmotiv.
Die Beziehung kann ebenso, zum Beispiel durch zu wenig Anerkennung, einen Konflikt auslösen. Zuletzt können auch strukturelle Mängel der Organisation, etwa zu hoher Arbeitsdruck, Konflikte auslösen. Durch ein Auslöserereignis kommt es nun zur Manifestation des Konflikts. Der Konflikt tritt offen zutage.

Im Verlauf des Konflikts kommt es darauf an, ob er konstruktiv, das heißt sachlich, oder destruktiv mit dem Ziel, den Partner zu demütigen, geführt wird. Im zweiten Fall kann es zu einer Eskalation kommen, bei der mehr und mehr der sachliche Konflikt zurück tritt hinter einem persönlichen Konflikt mit steigender Emotionalität. Die Konfliktlösung erfolgt häufig von außen, etwa durch einen Vorgesetzten. Dieser hat die Wahl, welche Strategie er zur Konfliktlösung anwenden will. Man unterscheidet zwischen einem Kompromiss, einer Gewinn-Verlust-Situation, in der sich ein Akteur durchsetzt, einer Verlust-Verlust- und einer Gewinn-Gewinn- Situation[8]. Je nachdem, wie unzufrieden die Akteure mit der Konfliktlösung sind, kann schon der Keim für neue Konflikte gelegt werden[9].

4 Beziehung zwischen Kooperation und Konflikt

Es ist nicht eindeutig zu beurteilen, ob sich Konflikte, die Folgen auf Leistung und Zufriedenheit der Akteure haben[10], positiv oder negativ auf die Kooperationsfähigkeit auswirken. Dies hängt zentral von den Aufgaben und dem Verlauf eines Konflikts ab. Entsteht ein Konflikt bei einer einfachen Aufgabe, hat dieser meist negative Folgen auf Leistung und Zufriedenheit in Kooperationen.

Ein Konflikt in einer schwierigen Aufgabe hingegen hat meist positive Wirkung. Ineffiziente Abläufe und Methoden werden infrage gestellt und überholt, sowie neue Lösungsansätze diskutiert[11]. Voraussetzung ist die sachliche Führung eines Konflikts. Wird dieser emotional geführt, steigt die Unzufriedenheit der Akteure, bei hoher gegenseitiger Abhängigkeit sinkt deren gemeinsame Leistung nachhaltig[12]. Es ist also festzustellen, dass, im Gegensatz zu der traditionellen Ansicht, dass Konflikte durchweg etwas Negatives sind[13], diese positive Folgen für eine Organisation haben können, wenn sie sachlich bleiben. Es ist eine zentrale Aufgabe des Führungspersonals, hierfür zu sorgen, damit eine Organisation weder in einer konfliktlosen Stagnation verharrt noch sich in emotionalisierten Konflikten aufreibt.

---

8 Spieß 2004, S.203, 231.
9 Rosenstiel 2005, S.236.
10 Rosenstiel 2005, S.231.
11 Robbins 2006, S.542, Rosenstiel 2005, S.231, Weinert 2004, S.679.
12 Rosenstiel 2005, S.231.
13 Vgl.: Weinert 2004, S.678. Nach traditioneller Ansicht stellen Konflikte eine Fehlfunktion dar.

III

Literaturverzeichnis

Arnold, John: Work Psychology. Understanding Human Behaviour in the Workplace, 4. Aufl., Harlow 2005.

Martin, John: Organizational Behaviour and Management, 3. Aufl., London 2005.

Robbins, Stephen P./   Organizational Behaviour, 13. Aufl., London 2006.
Judge, Timothy A.:

Rosenstiel, Lutz von/   Organisationspsychologie, 9. Aufl., Stuttgart 2005.
Molt, Walter/
Rüttinger, Bruno:

Spieß, Erika: Kooperation und Konflikt. In Schuler, Heinz/ Sonntag, Karlheinz (Hrsg.): Handbuch der Arbeits- und Organisationspsychologie, Göttingen 2007, Seiten 339-347.

Spieß, Erika: Kooperation und Konflikt. In Schuler, Heinz (Hrsg.): Organisationspsychologie – Gruppe und Organisation. Enzyklopädie der Psychologie, Band 4, Göttingen 2004, Seiten 193-250.

Weinert, Ansfried B.:   Organisations- und Personalpsychologie, 5. Aufl., Weinheim 2004.

Anhang

Abbildung 1: Vertrauen und Misstrauen

		begrenzte Beziehungen, Nutzen von Chancen bei Beachtung der Risiken
Hohes Vertrauen	hohe Wertkongruenz, neue Initiativen	
Niedriges Vertrauen	begrenzte Transaktionen, professionelle Höflichkeit	Erwarten unerwünschter Dinge, Annahme schädlicher Motive, Paranoia
	Niedriges Misstrauen	**Hohes Misstrauen**

Quelle: Spieß 2004, S. 217.

Abbildung 2: Ansätze für Umgang mit Konflikten

		Zeithorizont	
		Kurzfristig	langfristig
	Parteiisch	Interessen der eigenen Partei heute	Verbessert Bedingungen einer Partei langfristig
Nutznießer	Gemeinwohl	Interessen beider Parteien heute	Verbessert Bedingungen für beide Parteien langfristig
	systemisch	Interessen des Systems heute	Verbessert Bedingungen für Gesamtsystem

Quelle: Spieß 2004, S. 204.

Abbildung 3: Strategien zur Konfliktlösung

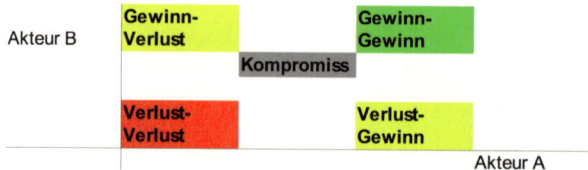

Quelle: Spieß 2004, S. 203, 231.